essentials

Essentials liefern aktuelles Wissen in konzentrierter Form. Die Essenz dessen, worauf es als „State-of-the-Art" in der gegenwärtigen Fachdiskussion oder in der Praxis ankommt. Essentials informieren schnell, unkompliziert und verständlich.

- als Einführung in ein aktuelles Thema aus Ihrem Fachgebiet
- als Einstieg in ein für Sie noch unbekanntes Themenfeld
- als Einblick, um zum Thema mitreden zu können.

Die Bücher in elektronischer und gedruckter Form bringen das Expertenwissen von Springer-Fachautoren kompakt zur Darstellung. Sie sind besonders für die Nutzung als eBook auf Tablet-PCs, eBook-Readern und Smartphones geeignet.

Essentials: Wissensbausteine aus den Wirtschafts, Sozial- und Geisteswissenschaften, aus Technik und Naturwissenschaften sowie aus Medizin, Psychologie und Gesundheitsberufen. Von renommierten Autoren aller Springer-Verlagsmarken.

Weitere Bände in dieser Reihe
http://www.springer.com/series/13088

Marlène Vogt

Assessments meistern

Wie bereite ich mich auf ein Assessment vor?

Dipl.-Psych. Marlène Vogt

Marlène Vogt Beratungen
Merkurstrasse 45
8032 Zürich

info@marlenevogt.ch

www.marlenevogt.ch
www.leadershipzentrum.ch

ISSN 2197-6708   ISSN 2197-6716 (electronic)
essentials
ISBN 978-3-658-09562-8   ISBN 978-3-658-09563-5 (eBook)
DOI 10.1007/978-3-658-09563-5

Die Deutsche Nationalbibliothek verzeichnet diese Publikation in der Deutschen Nationalbibliografie; detaillierte bibliografische Daten sind im Internet über http://dnb.d-nb.de abrufbar.

Springer
© Springer Fachmedien Wiesbaden 2015

Gedruckt auf säurefreiem und chlorfrei gebleichtem Papier

Springer Fachmedien Wiesbaden ist Teil der Fachverlagsgruppe Springer Science+Business Media
(www.springer.com)

Was Sie in diesem Essential finden können

- Tipps und Tricks, wie Sie sich optimal auf ein Assessment vorbereiten und dieses meistern;
- eine Übersicht über die gängigsten Tests und Übungen, die in einem Assessment zum Einsatz kommen.

Vorwort

„Auf ein Assessment kann man sich nicht vorbereiten." Dies ist die gängige Meinung sowohl unter Experten als auch unter Laien. Versucht man sich im Internet zum Thema schlau zu machen, wird man mit einer Flut von Informationen konfrontiert. Diese tragen meist dazu bei, die Verwirrung zu vergrößern, statt Klarheit zu schaffen. Nach jahrelanger Erfahrung als Assessment-Expertin bin ich der Ansicht, dass es sehr wohl möglich ist, sich auf ein bevorstehendes Assessment vorzubereiten, obwohl Ablauf und Inhalt je nach Anbieter stark variieren können.

Mit diesem Essential lege ich mein gesammeltes Wissen in Sachen Assessment und Assessment-Vorbereitung in kompakter und lesefreundlicher Form vor – damit Sie sich optimal auf ein Assessment vorbereiten können. Ich wünsche Ihnen viel Spaß beim Lesen, beim Umsetzen der Anregungen und danach natürlich vor allem viel Erfolg beim Assessment!

Mein besonderer Dank gilt Stefan Brülhart, Jacqueline Klauser und Alexandra Vogt, die mich bei der Realisierung dieses Essentials mit ihren konstruktiven Verbesserungsvorschlägen tatkräftig unterstützt haben.

Einleitung

In diesem Essential finden Sie Informationen darüber, was Sie in einem Assessment erwartet und wie Sie sich darauf vorbereiten können. Sie finden Angaben darüber, wie ein Assessment typischerweise aufgebaut ist, mit welchen Aufgaben und Übungen Sie konfrontiert sein werden und wie Sie diese am besten meistern können (mit gekennzeichnete Tipps). Darüber hinaus erhalten Sie Anregungen, wie Sie mithilfe von klaren Zielformulierungen und einer „bewussten Haltung" während des Assessments Ihr Bestes geben und Ihre Kompetenzen unter Beweis stellen können.

Inhaltsverzeichnis

Was ist ein Assessment? 1

1.1 Definition

Der aus dem Englischen entlehnte Begriff „Assessment" steht u. a. für „Bewertung", „Beurteilung" oder „Einschätzung". Er wird hauptsächlich im medizinischen und psychologischen Bereich verwendet. Ein Assessment

- ist ein halb- bis dreitägiges Verfahren (indoor und/oder outdoor) mit mindestens einem bzw. einer Teilnehmenden oder Bewerbenden, nachfolgend auch Assessee genannt;
- wird mit Einzelpersonen (Einzel-AC) oder in Gruppen (Gruppen-AC bzw. Assessment-Center) durchgeführt.

Die Dauer eines Assessments und die Anzahl der Teilnehmenden hängen von dessen Ziel und Inhalt ab. Mit Abstand am häufigsten werden heute Einzelassessments durchgeführt.

> Assessments sind multiple diagnostische Verfahren, welche systematisch Verhaltensleistungen bzw. Verhaltensdefizite von Personen erfassen. Hierbei schätzen mehrere Beobachter gleichzeitig für einen oder mehrere Teilnehmer seine/ihre Leistungen nach festgelegten Regeln in Bezug auf vorab definierte Anforderungsdimensionen ein.
> Kleinmann 2013, S. 2

© Springer Fachmedien Wiesbaden 2015
M. Vogt, *Assessments meistern*, essentials, DOI 10.1007/978-3-658-09563-5_1

Eine eigene Definition zum Einzel-Assessment (siehe dazu auch Kap. 3 im Buch Eck/Jöri/Vogt (2010) ist die folgende:

Das Einzel-Assessment ist ein systematisches Verfahren, bei dem das Verhalten, die Persönlichkeitsdynamik sowie das Leistungs-, Führungs- und Entwicklungspotenzial der Teilnehmenden von mehreren Beobachtenden in verschiedenen praxisrelevanten Situationen und mit verschiedenen Verfahren in Bezug auf unternehmensspezifische Anforderungen beobachtet und beurteilt und – in der Regel – schriftlich in einem Bericht dokumentiert wird.

> **Tipp** Letztlich geht es bei einem klassischen Selektionsassessment immer darum, die Kompetenzen einer Person mit denen des Anforderungsprofils einer Funktion zu vergleichen und eine möglichst hohe Passung zu erreichen. Ein Assessment sagt deshalb lediglich etwas darüber aus, wie gut eine Person auf ein spezifisches Profil passt. Es hat keinen allgemeingültigen Aussagecharakter!

1.2 Unterschied Einzel-Assessment und Gruppen-Assessment bzw. Assessment-Center

Ein Einzel-Assessment unterscheidet sich vom Gruppen-Assessment oder Assessment-Center dadurch, dass ersteres nur mit einer Einzelperson als Assessee und einer oder mehreren AssessorInnen und Beobachtenden durchgeführt wird, während ein Gruppen-Assessment oder Assessment-Center immer mit einer Gruppe von Assessees und mehreren AssessorInnen und Beobachtenden durchgeführt wird.

Allerdings werden die Begrifflichkeiten umgangssprachlich nicht trennscharf verwendet, was zur Verwirrung beim Thema Assessment beiträgt.

1.3 Zielsetzungen von Assessments

- **Stärken** und **Schwächen** bezüglich eines Anforderungsprofils einschätzen

oder

- die **Bewährung bzw. das Potenzial für zukünftige berufliche Aufgaben**, etwa beim Einstieg in Führungspositionen, zu prognostizieren.

Eingesetzt wird das Assessment sowohl als Instrument der Personalauswahl (*Assessment-Center*) als auch zur Standortbestimmung und zur Entwicklung von Mitarbeitenden (*Development-Center*).

1.3.1 Messungsgegenstände

Im Vordergrund des Assessments steht die Beurteilung der

- **Sozialkompetenz** (z. B. Sensibilität, Teamfähigkeit, Kritik- und Konfliktfähigkeit),
- **Selbstkompetenz** (z. B. Selbstständigkeit, Belastbarkeit, Durchsetzungsvermögen),
- **Führungskompetenz** (z. B. Managementkompetenz, Mitarbeiterförderung, unternehmerisches Denken) sowie der
- **Methodenkompetenz** (z. B. Beherrschen und adäquates Einsetzen von Lern- und Arbeitstechniken oder Gesprächstechniken).

1.3.2 Beurteilende

PsychologInnen, Führungskräfte und Personalfachleute **beobachten, beschreiben** und **beurteilen** in verschiedenen Übungen (z. B. Rollenspielen, Fallstudien) das Verhalten des Kandidaten bzw. der Kandidatin (nachfolgend auch Assessee genannt). Diese Übungen sind **charakteristisch** für bestehende oder zukünftige **Arbeitssituationen** und Aufgabenfelder. Um ein noch differenzierteres Bild einer Person erhalten zu können, werden zusätzlich Persönlichkeits-, Intelligenz- und Leistungstests eingesetzt.

1.4 Assessment-Prinzipien – rechtliche Indikatoren

- **Simulation**
  Mögliche spätere Arbeitssituationen werden so gut wie möglich simuliert.
- **Methodenvielfalt**
  Jedes Kriterium, jede Kompetenz wird mehrmals und in verschiedenen Übungen geprüft.

- **Anforderungsanalyse**
  Je sorgfältiger die Analyse zur Bestimmung der Anforderungen an eine Tätigkeit ist, desto zuverlässiger sind die Prognosen.
- **Vieraugenprinzip**
  Um Verzerrungseffekte und unterschiedliche Wahrnehmungsmuster auszugleichen, beobachten immer mindestens zwei AssessorInnen.
- **Transparenz**
  Anforderungskriterien und Übungen werden offengelegt.

Der/die Assessee erhält nach dem Assessment ein Feedback – relativ zum konkreten Anforderungsprofil.

- **Rechtliche Aspekte**
  Schweiz:
  - OR Art. 328b: Fragebeschränkung: Es sind keine persönlichen oder gar intimen Fragen ohne konkreten Arbeitsplatzbezug zulässig (z. B. „Haben Sie schon einmal Drogen konsumiert?").
  - Art. 12 DSG verbietet widerrechtliche Verletzung der Persönlichkeit.

  Deutschland:
  - Gemäß Art. 1 Abs. 1 GG ist es jedem untersagt, in die Intimsphäre einer Person einzugreifen.
  - Die „psychische Integrität des Arbeitnehmers" ist durch Art. 2 Abs. 1 und Abs. 2 GG geschützt. Das allgemeine Persönlichkeitsrecht beinhaltet auch das informationelle Selbstbestimmungsrecht.

1.5 Assessment-Elemente

Die einzelnen Bestandteile und Übungen in einem Assessment können je nach Anbieter stark variieren. Grundsätzlich unterscheidet man zwischen zwei Gruppen von Aufgaben: Einerseits gibt es die sogenannten *Testverfahren*, zu welchen Leistungstests wie auch Persönlichkeitstests gehören, und anderseits die sogenannten *Verhaltensbeobachtungsverfahren*, z. B. Rollenspiele und Fallstudien.

Oft besteht ein Assessment aus einer Mischung von verschiedenen Verfahren, die sowohl verhaltensbeobachtende Elemente als auch Testverfahren beinhalten (Abb. 1.1).

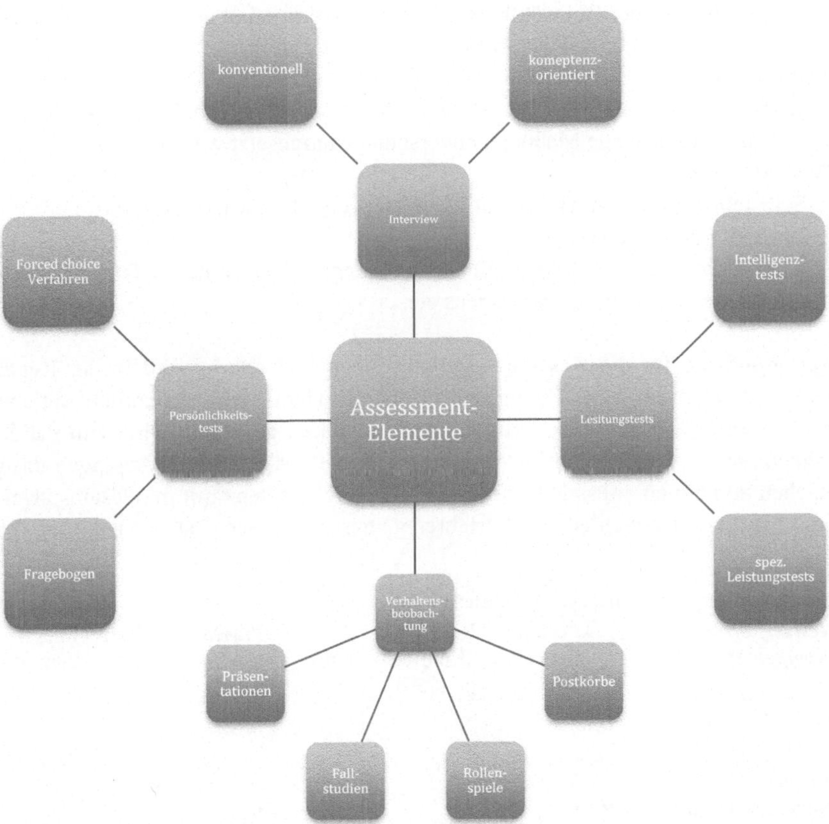

Abb. 1.1 Assessment-Elemente. (© Marlene Vogt)

Interview

Befragung durch den oder die AssessorIn mit dem Ziel, persönliche Informationen oder Sachverhalte zu ermitteln. Im Vordergrund des Interviews stehen Motivation, Einstellungen und Werte der bzw. des Assessees.

Rollenspiel

Simulierte Berufsalltagssituation (Führungssituation mit Mitarbeitenden, Konflikt- oder Kundengespräch), in der die Assessees ihre Soft Skills in einer schwierigen Gesprächssituation beweisen müssen.

Fallstudie

Analyse einer komplexen Sachlage unter Zeitdruck, richtige Schlüsse und Maßnahmen daraus ableiten, Umsetzungsstrategie präsentieren.

Präsentation

Vorgegebenes oder frei wählbares Thema wird erarbeitet und vor einer Gruppe (ev. mit Teilnehmenden des Auftraggebers) präsentiert.

Postkorbübung

Komplexe Informationen müssen unter Zeitdruck schnell analysiert, verarbeitet und in entsprechende Maßnahmenvorschläge umgesetzt werden.

Persönlichkeitstest

Selbsteinschätzung in Bezug auf Kompetenzen oder Präferenzen.

Leistungs- und Spezialtests

z. B. Tests der Intelligenz, Sozialkompetenz, Konzentrationsfähigkeit, des räumlichen Vorstellungsvermögens etc.

Als Grundlage für die Zusammenstellung einer Testbatterie wird in der Regel eine Kompetenzen- bzw. Übungsmatrix erstellt. Damit wird ersichtlich, welche zu überprüfende Kompetenz mit welchem Verfahren gemessen wird. Um valide Ergebnisse zu erzielen und im Assessmentbericht entsprechende Aussagen dazu machen zu können, muss jede zu überprüfende Kompetenz mit mindestens zwei, besser noch drei verschiedenen Verfahren gemessen werden (Tab. 1.1).

Tab. 1.1 Kompetenzenmatrix. (© Marlene Vogt)

Testverfahren / *Kompetenz*	Persön-lichkeits-test	Rollenspiel „Konflikt-gespräch"	Leis-tungs-test	Präsen-tation	Fallstu-die	Inter-view
Soziale Kompetenz	x	x				x
Konfliktlösefähigkeit		x				x
Umsetzungsfähigkeit	x				x	x
Strategische Ausrichtung	x		x	x	x	
Persönliche Wirkung		x		x		
Wertehaltung	x			x		x
Analytische Fähigkeit			x		x	

Wie bereite ich mich auf ein Assessment vor?

2

2.1 Gedankliche und effektive Vorbereitung vor dem Assessment

Wie auch immer ein Assessment gestaltet ist: Zu diesen Themen und Fragen sollten Sie sich auf jeden Fall ausführlich Gedanken machen:

► **Tipps**
- Welche sind meine Stärken?
- Welche sind meine Entwicklungsbereiche?
- Welche Werte sind mir wichtig im Leben?
- Was war/was ist mein Ziel im Leben, meine Vision?
- Was waren wichtige Entscheidungen, die meine berufliche Laufbahn beeinflusst haben?
- Auf was würde ich nie verzichten?
- Wo bin ich nicht bereit, Kompromisse einzugehen?
- Wie führe ich?
- Wo sehe ich mich in zwei oder fünf Jahren?
- Was macht mich als Mensch aus?
- Weshalb will ich die angestrebte Funktion bzw. Position?
- Weshalb eigne ich mich besonders dafür (Selbstmarketing)?
- Wo sehe ich die größten Herausforderungen in der zukünftigen Funktion?
- Was sind die größten Unterschiede zu meiner heutigen Tätigkeit?
- Welche Alternativen habe ich, wenn es mit der angestrebten Position nicht klappt?

© Springer Fachmedien Wiesbaden 2015

M. Vogt, *Assessments meistern*, essentials, DOI 10.1007/978-3-658-09563-5_2

Am besten besprechen Sie Ihre Antworten und Überlegungen mit einer Vertrauensperson, damit Sie sich selbst sprechen hören und merken, wie Ihre Antworten klingen und ob sie sich „richtig" anfühlen. Dies ist zudem eine Art „Probehandeln", das Ihnen durch die Vorwegnahme der Überlegungen und Antworten erlaubt, im Assessment besser vorbereitet und präziser und fundierter zu reagieren, auch wenn dort nicht genau die gleichen Fragen gestellt werden. Versuchen Sie trotz Vorbereitung flexibel genug zu bleiben, um nicht aus dem Konzept zu geraten, wenn ganz andere Fragen auftauchen als die, die Sie für sich vorbereitet haben.

2.2 Haltung und Ziel

Ein sehr wichtiger Aspekt, um in einem Assessment zu reüssieren, hat maßgeblich mit der eigenen Einstellung, Haltung und Zielfokussierung zu tun. Was auch immer man von Assessments halten mag, sich dafür in die richtige Stimmung und Haltung zu bringen, kann ein nicht zu unterschätzender Wettbewerbsvorteil sein.

▶ **Tipps**
- Wenn Sie gegenüber Assessments grundsätzlich kritisch eingestellt sind und trotzdem an einem teilnehmen müssen, dann versuchen Sie, sich ihre Abneigung nicht offensichtlich anmerken zu lassen. Es ist zwar durchaus möglich, kritische Ansichten einzubringen, aber wenig zielführend, wenn Sie das ganze Verfahren an sich abwerten, da dies auf Sie zurückfallen und allenfalls mit mangelnder Motivation in Verbindung gebracht werden könnte. Mit anderen Worten: Seien Sie ruhig kritisch, aber mit Maß!
- Überlegen Sie sich vor dem Assessment, was Sie für ein Ziel haben respektive erreichen wollen im Assessment. Machen Sie sich ein genaues Bild davon, wie Sie sich während des Tages verhalten wollen, und überlegen Sie sich, mit welchem Gefühl Sie am Abend aus dem Assessment weggehen werden und wie sich das anfühlen wird.
- Legen Sie sich dafür eine oder mehrere Strategien zurecht, die Sie als zielführend erachten. Seien Sie aber dennoch ausreichend flexibel und halten Sie nicht stur daran fest.
- Versuchen Sie, der ganzen Sache eine positive Seite abzugewinnen, um sich so in eine produktive und ressourcenorientierte Stimmung zu bringen. Damit haben Sie die besten Chancen, eine gewinnbringende Performance zu zeigen und Ihr Bestmögliches zu geben.
- Setzen Sie sich auch während jeder Übung (vor allem bei den Gesprächen) ein klares Ziel und legen Sie sich eine Strategie zurecht, indem Sie sich fragen, was Sie erreichen wollen und wie Sie das angehen könnten.

- Spielen Sie während des Assessments keine Rolle, sondern versuchen Sie, möglichst Sie selbst zu sein. Sich einen ganzen Tag verstellen zu wollen, braucht viel Energie und ist für alle, die keine schauspielerischen Begabungen haben, eine echte Herausforderung. In einer Rolle wirken Sie in der Regel weder authentisch noch glaubwürdig.
- Nehmen Sie Rückmeldungen entgegen, ohne sich zu rechtfertigen.
- Beurteilen Sie Ihr Verhalten kritisch, aber richten Sie Ihren Fokus auch darauf, was gut gelaufen ist.
- Auch wenn eine Übung nicht optimal gelaufen ist, führt das kaum dazu, dass Sie das Assessment deshalb nicht bestehen werden. Versuchen Sie, sich auch nach einer tatsächlich oder vermeintlich missratenen Aufgabe schnell wieder in eine „neutrale" Position zu bringen und nicht darüber nachzugrübeln, was Sie allenfalls hätten anders oder besser machen können.

2.3   Arbeiten vorgängig zu einem Assessment

Als Vorbereitungsarbeiten zum Assessment werden einerseits Persönlichkeitstests (siehe Abschnitt „Persönlichkeitstest") verlangt, anderseits computerbasierte „Selbsteinschätzungen" mit vorgegebenen Fragen, z. B. zu beruflich relevanten Entscheidungen in der Vergangenheit, Einschätzungen zu Stärken und Schwächen, motivationalen Überlegungen zur angestrebten Funktion oder auch Gedanken zu möglichen Zukunftsszenarien, z. B. wo Sie sich in zwei, fünf oder zehn Jahren sehen. Diese Aufgaben erhält der/die Assessee normalerweise ein bis zwei Wochen vor der Assessment Durchführung.

► **Tipps**
- Diese Aufgaben prägen den ersten Eindruck der AssessorInnen, da sie vor dem ersten persönlichen Kontakt erledigt und dokumentiert werden.
- Bearbeiten Sie diese Vorbereitungsaufgaben deshalb sorgfältig und achten Sie z. B. auch auf Rechtschreibfehler.
- Bearbeiten Sie allfällige computer basierte Persönlichkeitstests in einem möglichst ausgeruhten und ungestörten Moment alleine.
- Liefern Sie die geforderten Unterlagen nicht auf den letzten Drücker ab, sondern reichen Sie diese möglichst rechtzeitig ein, auch wenn dies mal Arbeit am Abend oder Wochenende bedeutet.

Auf was achte ich während des Assessments?

3

> **Tipp** Erscheinen Sie in gepflegter und seriöser Kleidung pünktlich zum Assessment.

Ein Assessment besteht aus unterschiedlich zusammengestellten Übungen, die sowohl nach Art und Weise, Inhalt als auch Menge der Übungen variieren können. Nachfolgend ein exemplarisches Programm eines Einzelassessments (Tab. 3.1):

Im nachfolgenden Kapitel werden die einzelnen Assessment-Elemente ausführlicher beschrieben.

Tab. 3.1 Assessment-Programm. (© Marlene Vogt)

Zeit	Aufgabe	Teilnehmende
8.15	Begrüßung, Einführung	Assessee/HauptassessorIn
8.30	Vorbereitung Rollenspiel	Assessee
9.00	Durchführung Rollenspiel	Assessee/AssessorInnen/evtl. Beobachtende des Auftraggebers
9.30	Evaluation	Assessee/HauptassessorInnen/RollenspielerIn
9.45	Vorbereitung Präsentation	Assessee
10.00	Präsentation	Assessee/AssessorInnen/Beobachtende des Auftraggebers
10.30	Vorbereitung Fallstudie	Assessee
11.30	Präsentation Fallstudie	Assessee/AssessorInnen/Beobachtende des Auftraggebers
12.00	Mittagspause	Assessee
13.00	Leistungstest	Assessee
14.00	Interview	Assessee/AssessorInnen
15.30	Postkorbübung	Assessee
17.30	Interview Postkorbübung	Assessee/AssessorInnen
18.00	Abschluss, Prozessinformation	Assessee/AssessorInnen
18.15	Ende	

© Springer Fachmedien Wiesbaden 2015

M. Vogt, *Assessments meistern*, essentials, DOI 10.1007/978-3-658-09563-5_3

3.1 Assessment-Bestandteile

3.1.1 Interview

Das persönliche Interview gehört zum Standardrepertoire eines Assessments. Es ist eine soziale Handlung, bei der eine gegenseitige Beziehung aufgebaut wird. Das Interview hat zum Ziel, über diejenigen Teile der Persönlichkeit des Assessees mehr Aufschluss zu erhalten, die durch die Übungen und den Anforderungsbezug kaum oder gar nicht fassbar sind.

Multimodales Interview
Das multimodale Interview ist ein teilstrukturiertes Interview und besteht in der Regel aus acht verschiedenen Gesprächsteilen (vgl. Schuler 1992: 281 ff., und Schuler 2002: 188 ff.), die aber je nach Interviewer stark variieren können:

1. **Gesprächsbeginn:**
   Kurzes, informelles Gespräch, das in das Interview überleitet. Die Hauptfunktion besteht darin, eine angenehme Gesprächsatmosphäre zu erzeugen.
2. **Selbstvorstellung der Assessees:**
   Der bzw. die Assessee spricht frei über seinen bzw. ihren Werdegang. Schwergewicht liegt je nach Alter der Assessees auf der vorangegangenen beruflichen Erfahrung oder auf der Ausbildung.
3. **Freier Gesprächsteil:**
   Dieser Gesprächsteil dient zur Klärung von Fragen, die sich aus den Bewerbungsunterlagen oder aus der vorangegangenen Selbstvorstellung ergeben haben.
4. **Berufsinteressen, Berufs- und Organisationswahl:**
   In diesem Abschnitt des Interviews wird berufsbezogenen Interessen und Motiven nachgegangen. Ein weiterer Schwerpunkt sind die Beweggründe zur Bewerbung und zum allfälligen Arbeitsplatzwechsel.
5. **Biografiebezogene Fragen:**
   Fragen in diesem Gesprächsteil beziehen sich auf Ereignisse und Verhaltensweisen, welche der oder die Assessee in der Vergangenheit erlebt bzw. gezeigt hat. Sie werden oft mit der kompetenzorientierten Interview-Fragestellung erfragt (siehe Abschnitt „Kompetenzorientiertes Interview").
6. **Realistische Tätigkeitsinformation:**
   Dieser Teil dient der realistischen Information über die Tätigkeit, Anforderungen und die Organisation. Realistisch sollte sie in dem Sinne sein, dass sie nicht nur positive, sondern auch kritische Punkte der Organisation und des Arbeitsalltags beleuchtet.

7. **Situative Fragen:**
   Diese Fragen beziehen sich auf eine kurze Schilderung einer erfolgskritischen Situation im Berufsalltag und das Verhalten der/des Assessees in dieser Situation. Situative Fragen werden ebenfalls oft im Stile kompetenzorientierter Interview-Fragen gestellt (siehe Abschnitt „Kompetenzorientiertes Interview").

8. **Gesprächsabschluss:**
   Dieser Teil dient der Klärung noch offener Fragen und Unklarheiten sowie der Erörterung des weiteren Vorgehens.

▶ **Tipps**

- Machen Sie sich vor dem Assessment Gedanken zu den oben genannten Gesprächsteilen. Überlegen Sie sich im Speziellen folgende Punkte:

  Wer bin ich, was zeichnet mich aus, welche Werte sind mir wichtig im Leben?

  Wie kam es zur Wahl der Ausbildung bzw. des Studiums?

  Was waren wichtige Stationen in meiner beruflichen Karriere?

  Wo gab es Schwierigkeiten oder Widerstände?

  Was hat mich geprägt?

  Weshalb suche ich eine andere, eine neue Funktion?

  Was ist meine Motivation für die angestrebte Position?

  Weshalb erachte ich mich als besonders geeignet für die angestrebte Funktion?

  Wo sehe ich meine Entwicklungsfelder?

  Was erachte ich als Chancen in der neuen Funktion?

  Wo erkenne ich allfällige Schwierigkeiten und Herausforderungen?

  Welche Ressourcen unterstützen mich dabei?

  Was habe ich für Alternativen, wenn es nicht klappen sollte mit der angestrebten Position?

- Interviews kann man bis zu einem gewissen Grad trainieren. Idealerweise „spielen" Sie ein Interview durch, so wie Sie denken, dass es ungefähr ablaufen könnte. Dies hilft Ihnen, Ihre Gedanken zu sortieren und mehr Klarheit darüber zu gewinnen, was Sie wirklich sagen wollen. Suchen Sie sich also am besten eine Interviewpartnerin oder einen Interviewpartner, die oder der Ihnen Fragen stellt, damit Sie diese beantworten können. Da sich das Sprachzentrum und das Denkzentrum im Gehirn nicht am selben Ort befinden, ist es sinnvoll, gedachte Gedanken auszusprechen, um herauszufinden, was Sie von einer Sache halten oder wie Sie dazu stehen – quasi nach der Devise: *„Wie soll ich wissen, was ich denke, bevor ich gehört habe, was ich sage?"*

Kompetenzorientiertes Interview (CBI)

Heutzutage werden vermehrt sogenannte kompetenzorientierte Interviews (CBI = Competency Based Interview) durchgeführt. Dabei handelt es sich um eine Reihe von strukturierten Fragen, die darauf abzielen, über das gezeigte Verhalten in jobrelevanten Situationen Informationen zu gewinnen. Jobrelevant bedeutet: Situationen, in denen die im Fokus stehende Kompetenz erfolgskritisch war. Der/die Assessee wird dabei nach konkreten Beispielen gefragt. Bei dieser Technik liegt die Annahme zugrunde, dass aufgrund von vergangenem auf zukünftiges Verhalten geschlossen werden kann. Dabei wird das „STAR"-Prinzip angewendet:

Situation: Wie war die Situation?
Task: Was war Ihre Aufgabe?
Action Was haben Sie gemacht?
Result: Was war das Resultat?
Beispiel eines Fokus: „Welche Gelegenheiten hatten Sie und welche Erfahrungen haben Sie gemacht in der Führung?"

▶ **Tipps**

- Eine typische CBI-Frage könnte lauten: „Nennen Sie uns ein Beispiel, in welchem Sie mit einer schwierigen Situation in einem Team konfrontiert waren."

- Beantworten Sie die CBI-Fragen so spezifisch wie möglich, indem Sie von **einer konkret erlebten** Situation berichten. Die Reihenfolge der Fragen bleibt immer die gleiche:
  Wie war die *Situation*?
  Was war Ihre *Rolle*?
  Was war Ihre *Vorgehensweise*?
  Was war das *Ergebnis*?
  Was *lernten* Sie daraus?

- Die Antwort könnte also zum Beispiel so lauten:
  „Vor Kurzem hatte ich die Aufgabe, ein Projektteam auf die Beine zu stellen, um unser neu lanciertes Produkt…" (*Situation und Rolle*)
  „Zunächst habe ich mir überlegt, wer unbedingt in diesem Team sein sollte…" (*Vorgehensweise*)
  „Unsere Vorschläge wurden von der Geschäftsleitung bis auf einen Punkt akzeptiert und später in den entsprechenden Bereichen umgesetzt…" (*Ergebnis*)
  „Im Nachhinein würde ich früher beginnen mit…" (*Learning*)

3.1.2   Rollenspiele

Rollenspiele sind simulierte Situationen, in der die Assessees mit einer anderen Person (AssessorInnen oder professionelle SchauspielerInnen) ein Gespräch führen sollen. Die simulierte Situation kann sein:

- Gespräch mit Mitarbeiter/in,
- Konfliktgespräch (z. B. das Verhandeln zwischen zwei Parteien),
- Verhandlungsführung,
- Kundengespräch,
- Verkaufsgespräch usw.

Die Erkennungszeichen einer Gesprächssituation sollten möglichst genau auf die angestrebte Position oder zukünftige Funktion abgestimmt sein, damit diese in der späteren Praxis auch relevant sind. Allerdings werden in der Praxis auch oft generische Rollenspiele durchgeführt, bei denen die Themen immer die gleichen sind. Klassisch sind Gespräche mit Mitarbeitenden, bei denen es darum geht, diese auf verändertes Verhalten und daraus resultierende Versäumnisse anzusprechen. Fast immer liegt dem veränderten Verhalten ein – meist privates – Problem zugrunde, das es herauszufinden gilt.

Auch wenn solche Rollenspiele in vielen unterschiedlichen Settings stattfinden, liegt ihnen allen ungefähr die gleiche Struktur zugrunde:

- Beschreibung der Ausgangslage:
  „Sie sind seit zehn Jahren bei der Firma XY tätig, ein mittelgroßes Unternehmen, das …"
- Beteiligte Personen:
  „Sie sind TeamleiterIn (fünf Mitarbeitende) der Abteilung XY. Ihr Stellvertreter ist Herr XY, ein langjähriger, verdienter Mitarbeiter …"
- Problemstellung:
  „In letzter Zeit stellten Sie fest, dass Herr XY oft den Teamsitzungen fernblieb…"
  „Kunde XY hat sich beschwert…"
- Dauer des Gespräches:
  In der Regel zwischen zehn (kürzeste Variante) und 30 min.

Fragen (Feedback) nach dem Gespräch
- Was war typisch für Sie in diesem Gespräch?
- Was könnten wir so auch in Ihrem Arbeitsalltag beobachten – und was nicht?
- Was war Ihre Strategie?
- Was war Ihr Ziel?
- Wo gab es kritische Momente?
- Was denken Sie, wie fühlte sich Ihr Gegenüber im Gespräch?
- Wie hoch schätzen Sie Ihren Redeanteil und den Ihres/Ihrer Mitarbeiter/in ein?
- Wenn Sie das Gespräch noch mal führen könnten, würden Sie etwas anders machen?

▶ **Tipps**
- Gestalten Sie ein schwieriges Gespräch mit Mitarbeitenden so „natürlich" wie möglich, das heißt so, wie Sie das – trotz der künstlichen Situation – auch in Ihrem Arbeitsalltag tun würden.
- Setzen Sie sich ein Ziel („**Was** will ich in diesem Gespräch erreichen?") und legen Sie sich eine Strategie zurecht („**Wie** erreiche ich das?").
- Seien Sie hart in der Sache, aber weich in der Beziehung.
- Achten Sie darauf, dass Sie dem Gegenüber ausreichend Gelegenheit bieten, sich zu äußern. Beginnen Sie das Gespräch mit einer offenen Frage (zum Beispiel: „Wie geht es Ihnen?" oder „Was ist bei Ihnen im Moment gerade aktuell?" etc.)
- Versuchen Sie, die Ursache für ein allfälliges verändertes Verhalten zu ergründen. Lassen Sie nicht allzu schnell locker, sondern fragen Sie nach. Zwingen sie Ihre/n Mitarbeiter/in jedoch nicht, Ihnen Details zu erzählen, sondern bieten Sie Hilfe an und verweisen Sie sie/ihn an die entsprechenden Fachstellen (Personalabteilung, Human Resources, Soziale Dienste etc.).
- Äußern Sie Ihre Erwartungen klar und verbindlich: „Wer macht was und bis wann?"
- Fragen Sie Ihre/n Mitarbeiter/in, wie das Problem gelöst werden könnte, bevor Sie selber Vorschläge machen.

- Lassen Sie sich auch durch Zeitdruck nicht hetzen und bearbeiten Sie lieber nur ein oder zwei Ihrer Ansicht nach wichtige Punkte, anstatt alles hier und heute auf den Tisch bringen zu wollen.
- Versuchen Sie während des ganzen Gespräches offene Fragen zu stellen (wie, wo, was) und zeigen Sie Mut, einen kurzen Moment innezuhalten nach einer Frage, ohne gleich die nächste nachzuschieben. So kommt Ihr Gegenüber in Zugzwang und muss etwas „liefern".
- Beenden Sie das Gespräch, indem Sie konkrete nächste Schritte benennen.
- Reflektieren Sie bei einer nachfolgenden Evaluation Ihre Leistung kritisch. Führen Sie auf, was gut lief, aber auch das, was Sie hätten besser machen können.
- Nehmen Sie Feedback von Beobachtenden ohne Rechtfertigung entgegen – höchstens mit klärenden Anmerkungen.

Was beobachtet und beurteilt wird:

- Wie gut ist es gelungen, in der vorhandenen Zeit ein zielführendes Gespräch zu gestalten?
- Wie war der Gesprächseinstieg?
- Wie schnell wurde ein guter sozialer Rapport zum Gegenüber hergestellt?
- Wie stark wurden die Interessen der Unternehmung durch den oder die Assessee vertreten?
- Wie war die allgemeine Gesprächsatmosphäre: freundlich, offen, zugewandt, interessiert – oder unfreundlich, eng, „von oben herab" etc.?
- Waren Strategie und Ziele erkennbar?
- Wurden Gründe für das Fehlverhalten des/der Mitarbeiter/in in Erfahrung gebracht?
- Wie hoch war der Gesprächsanteil, welcher dem/der Mitarbeiter/in überlassen wurde?
- Wurde der/die Mitarbeiter/in bei der Lösungsfindung und Erarbeitung von Maßnahmen mit in die Verantwortung gezogen?
- Wurde Verbindlichkeit hergestellt? Sind also die nächsten Schritte und Maßnahmen am Ende des Gespräches verständlich, sinnvoll und machbar?
- Wie sieht die Lösung aus? Ist sie logisch hergeleitet und in sich stimmig?

Die Beurteilung ermöglicht Aussagen zu folgenden Kompetenzen:

- Führungskompetenz,
- Konfliktmanagement,
- Gesprächsverhalten und
- Entscheidungsfähigkeit.

3.1.3 Fallstudien

Fallstudien stellen eine mögliche Form dar, um den Berufsalltag und damit verbundene Aufgaben zu simulieren. Dabei befassen sich die zu lösenden Aufgaben normalerweise mit einem branchentypischen Problem. Es gibt in der Regel keine absolut richtigen oder falschen Antworten, sondern nur bessere, stringentere oder plausiblere Lösungen. Gemeinsam ist allen Fallstudien, dass zu Beginn eine Beschreibung eines Unternehmensszenarios steht, das einer fachspezifischen Analyse und Lösung zugeführt werden muss. Im Vordergrund stehen analytische und organisatorische Kompetenzen, es geht aber auch darum, wie ein oder eine Assessee an ein schwieriges Problem herangeht und wie sie oder er sich eine Lösung erarbeitet. Fallstudien können Fragestellungen betriebswirtschaftlicher, logistischer, organisatorischer, aber auch personeller oder personalpolitischer Art beinhalten. Je nach Zeitangabe und Auftrag kann die Antwort mündlich oder schriftlich erfolgen. Dabei soll der oder die Assessee darstellen, wie er oder sie sich in der beschriebenen Situation verhalten würde.

- Beschreibung der Ausgangslage:
  „Die Firma XY ist ein mittelgroßes Unternehmen, das sich auf die Produktion von Hochpräzisionsgeräten im Krankenhausbereich spezialisiert hat. Der Jahresumsatz liegt bei …"
- Beschreibung der Rolle der/des Assessees:
  „Versetzen Sie sich in den nächsten XX Minuten in die Funktion von XY. Seit rund einem Jahr sind Sie stellvertretender Direktor…"
- Beteiligte Personen:
  „Sie beschäftigen XX Angestellte, diese sind eingeteilt in die Bereiche …"
- Problemstellung:
  „Der Umsatz hat sich in den letzten Jahren negativ verändert…"
- Aufgaben:
  „Welche drei bis fünf Hintergrundprobleme bzw. Ursachen sehen Sie als verantwortlich für die geschilderte Situation?"

Für jede der von Ihnen entwickelten Problemursachen schlagen Sie bitte ein Lösungskonzept bzw. Verbesserungsvorschläge vor.
Wie priorisieren Sie Ihre Lösungsvorschläge. Welche Maßnahme hat höchste Priorität?"

▶ **Tipps**
- Gehen Sie systematisch an die Aufgaben heran.
- Stellen Sie einen Zeitplan auf.
- Lesen Sie die Aufgabenstellung genau durch und ordnen Sie die Informationen nach Kriterien, Bereichen und Zusammenhängen, die Sie erkennen können.
- Machen Sie sich Notizen zu den wichtigsten Aspekten: Daten, Fakten, Projekte etc.
- Legen Sie sich Begründungen und Argumente für Ihre Analyse und Entscheidungen zurecht.

Was beobachtet und beurteilt wird:

- Wie schnell und akkurat wird die Situation erfasst?
- Wie sieht die Lösung aus? Ist sie logisch hergeleitet und in sich stimmig?
- Sind die Argumente stringent und wurden alle wesentlichen Faktoren berücksichtigt?
- Wie kreativ ist die aufgezeigte Lösung?
- Was sind mögliche Lösungsalternativen?

Die Beurteilung ermöglicht Aussagen zu folgenden Kompetenzen:

- Strategische Kompetenzen
- Problemlösungskompetenzen,
- Handlungsorientierung,
- unternehmerische Kompetenzen,
- Stressresistenz,
- Entscheidungsfähigkeit,
- Arbeitsorganisation,
- analytische Denkweise und
- Konzentrationsfähigkeit.

Variante Fact Find Exercise

Fact-Find-Übungen können als Alternative zu Postkorbübungen (vgl. weiter unten Kap. 3.1.5) und Fallstudien eingesetzt werden, insbesondere bei der Besetzung von Management-Positionen. Inhaltlich geht es meist um ein umfassendes Problem in einem Unternehmen, z. B. Ertragsrückgang, oder massive Probleme in einem Produktionsbereich (hohe Kosten, hohe Fehlerquote), oder um personelle Fragen (ein Auftraggeber will den Projektleiter aus einem Projekt ausschließen etc.). Die Assessees erhalten eine kurze (zwischen drei Sätzen und maximal drei Seiten) Fall- oder Problembeschreibung, zu der sie sich in Phase 1 Gedanken machen sollen. In Phase 2 haben sie die Gelegenheit, eine sogenannte Informationsperson zu befragen, um möglichst viele Informationen zur Sachlage zu sammeln. In Phase 3 erarbeiten die Assessees vor dem Hintergrund der erhaltenen Informationen Problemlösungen, Maßnahmen und Strategien und fällen Entscheidungen, die sie anschließend präsentieren. Je nach Übungsgestaltung folgt eine Phase 4, in der die getroffenen Maßnahmen und Entscheidungen der Assessees durch die AssessorInnen infrage gestellt werden, indem zusätzliche oder neue Informationen genannt werden, welche die Ausgangslage verändern und eine Neueinschätzung der Situation durch die Assessees erfordern.

►   **Tipps**

- Stellen Sie offene W-Fragen, um an möglichst viele Informationen zu kommen, z. B.: Wer war beteiligt? Was war die Situation? Weshalb kam es zu diesem Gespräch?
- Fragen Sie möglichst breit gefächert, um keine relevanten Aspekte zu übersehen: Personelle Fragen, finanzielle Aspekte, Zeitachsen, beteiligte Personen, Ursachen der Situation etc.
- Machen Sie sich Notizen zu den wichtigsten Aspekten: Daten, Fakten, Projekte etc.
- Da es keine absolut richtigen oder falschen Lösungen gibt, sollten Sie gute Argumente für Ihre Lösung vorbringen können.
- Wenn sich die Ausgangslage durch zusätzliche Informationen verändert, dürfen Sie Ihre Entscheidung auch revidieren – Hauptsache, Sie liefern fundierte Argumente dazu.

Was beobachtet und beurteilt wird:

- Wie werden Informationen eingeholt?
- Wie gut sind die analytischen Fähigkeiten ausgeprägt?
- Wie steht es mit der Entscheidungsfähigkeit?
- Wie stark werden Entscheidungen vertreten?

Die Beurteilung ermöglicht Aussagen zu folgenden Kompetenzen:

- Ganzheitliche Informationsaufnahme,
- vernetztes Denken und
- Belastbarkeit.

3.1.4   Präsentation

Bei Präsentationen wird ein vorgegebenes oder frei gewähltes Thema vor einem Publikum (Beobachtende, AssessorInnen) präsentiert. Dazu muss das Material aufbereitet, strukturiert und dargestellt werden. Inhaltlich kann es dabei beispielsweise um die Vorstellung der eigenen Person, um eine freie Rede zu einem bestimmten aktuellen Thema, um die ersten hundert Tage in der neuen Funktion, oder um ähnliches gehen. Die Vorbereitungszeit liegt zwischen 30 und 60 min, die Präsentation bei 10 bis 20 min.

► **Tipps**
- Beginnen Sie Ihre Präsentation mit einem klar erkennbaren Einstieg, geben sie eventuell das Ziel und den Inhalt bekannt.
- Gehen Sie dann strukturiert auf die inhaltlichen Aspekte des Themas ein.
- Nennen Sie, wenn möglich und sinnvoll, themenspezifische Vor- und Nachteile und geben Sie Empfehlungen oder eigene Bewertungen ab.
- Sorgen Sie dafür, dass ein roter Faden erkennbar ist.
- Fassen Sie am Ende Ihre Ergebnisse noch einmal kurz zusammen und schließen Sie den Bogen zum Ziel der Präsentation, das nun erreicht sein sollte.
- Beantworten Sie allfällige Fragen.
- Sprechen Sie klar und deutlich.
- Halten Sie Augenkontakt mit ihrem Publikum.
- Finden Sie einen persönlichen Bezug zum Thema und nennen Sie, wenn möglich, Beispiele zur Veranschaulichung.
- Wenn die Zeit eher knapp bemessen ist, fokussieren Sie auf die wichtigen Aspekte und gehen Sie diese in Ruhe durch.

Was beobachtet und beurteilt wird:

- Wie ist der allgemeine Auftritt?
- Wirkt die Präsentation authentisch?

- Wie gut wird Bezug genommen auf die Aufgabenstellung, respektive wird diese erfüllt?
- Was macht die Präsentation einzigartig und hebt sie ab von anderen?

Die Beurteilung ermöglicht Aussagen zu folgenden Kompetenzen:

- Argumentationsfähigkeit,
- Fähigkeit zu strukturiertem Denken,
- Gliederungsfähigkeit,
- Ordnungskompetenz,
- Originalität und
- die Fähigkeit, Emotionen oder gar Begeisterung auszulösen.

3.1.5 Postkorb

Unter den Postkorbübungen versteht man alle Übungen, bei denen es um das Filtern und Priorisieren einer Fülle von verschiedenen Informationen geht. Der Name leitet sich von einem vollen Posteingangskorb ab, in dem verschiedene Nachrichten, E-Mails, Aufgaben und Anfragen liegen. Das ist eine in der Praxis ständig präsente Situation, in der man filtern muss, was relevant ist, und zu entscheiden hat, welche Inhalte man zuerst bearbeitet. Die Übungen erhalten ihren Schwierigkeitsgrad dadurch, dass komplexe Informationen schnell analysiert, verarbeitet und in entsprechende Maßnahmenvorschläge umgesetzt werden müssen. Um dieses angestrebte Schwierigkeitsniveau zu erreichen, muss ein bestimmter Grad an Komplexität der Verknüpfungen zwischen den Dokumenten erzeugt werden. **Kernelemente der Postkorbübung sind Zeitdruck, eine Fülle verschiedener Informationen sowie ein Engpass irgendeiner Art.** Der Engpass liegt meist im Terminsetting. Unter Umständen wird die Arbeit durch zusätzliche Dokumente, Telefonate oder Mitarbeitergespräche gestört, welche laufend eingestreut werden, um den Stressfaktor zu erhöhen. Die Bearbeitungszeit eines Postkorbes beträgt zwischen 60 und 120 min, nach der meistens eine Präsentation oder eine Besprechung folgt. Die Zeit ist oft so knapp bemessen, dass sie nicht ausreicht, um alles komplett zu lesen, respektive zu behandeln.

▶ **Tipps**
- Versuchen Sie, sich zuerst über alle Papiere (Dokumente oder E-Mails) einen Überblick zu verschaffen, gruppieren Sie die Inhalte nach Themen und legen Sie Unwichtiges weg.

- Entscheiden Sie, was Sie wie und wann bearbeiten.
- Legen Sie sich ein System zurecht, das Ihnen hilft, die Unterlagen systematisch zu bearbeiten, z. B. indem Sie diese nach Dringlichkeit und Wichtigkeit unterteilen.
- Treffen Sie bei konflikthaften Punkten bewusste Entscheidungen und begründen Sie diese.

Was beobachtet und beurteilt wird:

- Wie wird vorgegangen und nach welchen Kriterien entschieden? Hier gilt: „Der Weg ist das Ziel!"

Die Beurteilung ermöglicht Aussagen zu folgenden Kompetenzen:

- Stressresistenz,
- Entscheidungsfähigkeit,
- effiziente Arbeitsorganisation,
- Fähigkeit zu analytischem Denken und
- Konzentrationsvermögen.

3.1.6 Persönlichkeitstest

Persönlichkeitstests sind im Grunde eine strukturierte Selbstbeschreibung der Teilnehmenden. Sie zielen darauf ab, die Persönlichkeit der Assessees so gut wie möglich zu bestimmen und zu durchleuchten. Zudem liegt der Wert eines Persönlichkeitstests auch darin, dass die gewonnene Selbstbeschreibung eines Assessees zu einem Abgleich mit der externen Beschreibung und der Beurteilung durch die Assessierenden genutzt werden kann.

Die Sparte „Persönlichkeitstest" ist variantenreich. Sie kann von scheinbar banalen Ankreuztests bis hin zu Fragebögen reichen, die tiefer ins Biografische der Assessees gehen. Es können Fragen wie „Welche prägenden Erlebnisse haben Ihre berufliche Karriere nachhaltig beeinflusst?" bis hin zu „Welche beruflichen und persönlichen Ziele haben Sie?" gestellt werden.

Variante „Forced Choice Verfahren"
Die Assessees haben aus mehreren vorgegebenen Antwortmöglichkeiten diejenige auszuwählen, die für sie am ehesten zutreffen. Dadurch wird die freie Auswahl von Antworten für die Assessees eingeschränkt. Durch die Vorgabe von Antworten

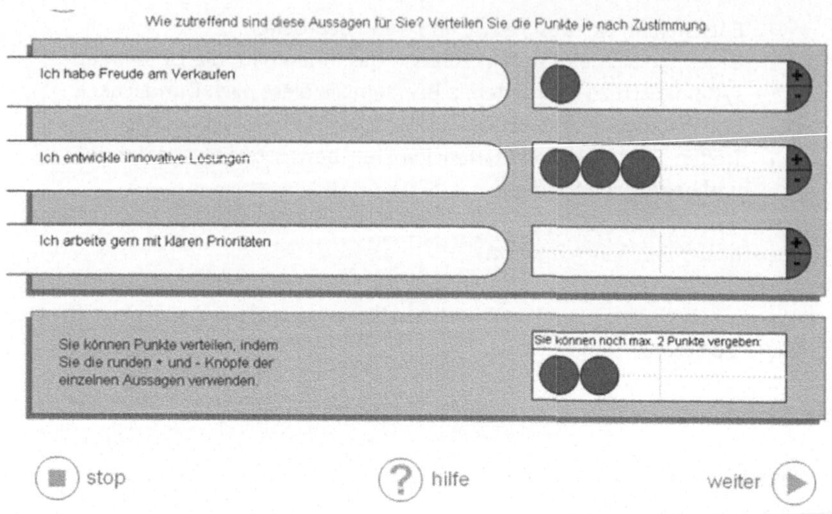

Abb. 3.1 Beispiel eines Forced-Choice-Persönlichkeitstests. (© cut-e)

ergeben sich unterschiedliche Vorteile. Zum einen sind die Antworten besser vergleichbar bzw. quantifizierbar. Je nach Wahl der Antwortformate können verschiedene psychische Effekte ausgeschlossen werden, darunter die Tendenz zur Mitte, also zur Wohlausgewogenheit.

Auf die Frage „Sind Sie mit Ihrem Job zufrieden?" gibt es verschiedene Forced-Choice-Formate z. B.:

- ja/nein,
- ja/teils-teils/nein,
- voll und ganz/meistens/weiß ich nicht/eher selten/absolut nicht.

Bei den Verfahren, die nach Präferenzen fragen, kann eine Auswahl von verschiedenen Tätigkeiten vorgeben sein. Die Assessees müssen sich für das entscheiden, was sie am liebsten, und für das, was sie am wenigsten gerne tun (Abb. 3.1).

Hier eine Beispielfrage: „Wählen Sie aus den untenstehenden Tätigkeiten diejenige aus, die Sie am liebsten, und jene, die Sie am wenigsten gerne tun" (je eine):

- einen Plan für eine Aufgabe erstellen,
- mit einer Kundin ein Gespräch führen,
- einen Text auf Fehler überprüfen,
- anderen die Vorzüge eines Produktes erklären.

▶ **Tipps**

- Bei den Persönlichkeitsfragebögen gibt es keine richtigen oder falschen Antworten.
- Bei Persönlichkeitstests gibt es in der Regel keine fixen Zeitvorgaben, sondern eher einen Zeitrahmen, in welchem Sie sich bewegen sollten. Achten Sie darauf, dass Sie den Zeitrahmen ungefähr einhalten (plus, minus zehn Prozent). Falls Sie keine Zeitvorgaben erhalten haben, fragen Sie nach.
- Wenn Sie das Verfahren allzu schnell bearbeiten respektive sehr schnell damit fertig sind, könnte der Eindruck entstehen, dass Sie die Aufgabe nicht seriös angegangen sind.
- Wenn Sie sehr viel Zeit dafür brauchen, könnte der Eindruck entstehen, dass Sie zu wenig entscheidungsfreudig sind oder sich schwertun damit, sich selbst einzuschätzen.
- Versuchen Sie, ähnliche Fragen ähnlich zu beantworten, damit diese eine möglichst hohe Konsistenz erreichen.

Was beobachtet und beurteilt wird:
Was sagen die Ergebnisse bezüglich der Persönlichkeit der Assessees aus?

- Wie konsistent sind die Antworten?
- Welche Präferenzen hat er oder sie?
- Welchen Arbeitsstil verfolgt sie oder er?
- Welcher Führungsstil wird bevorzugt?
- Welcher Denkstil ist vorrangig?

3.1.7 Leistungstests bzw. Intelligenztests

Mit **Intelligenztests** bezeichnet man jene Gruppe von Tests, die auf der Grundlage unterschiedlicher Intelligenzdefinitionen und Intelligenztheorien die intellektuelle Leistungsfähigkeit in ihrer relativen Ausprägung bestimmen. Der Begriff „relative Ausprägung" meint dabei, dass nicht Intelligenz „an sich" gemessen werden kann, sondern lediglich die Abweichung der individuellen Leistung von der Durchschnittsleistung einer Bezugsgruppe. In einer Assessmentsituation werden teilweise Intelligenztests eingesetzt, obwohl der allgemeine Intelligenzquotient keine konkreten Aussagen bezüglich der Bewährung bei der Erfüllung bestimmter Aufgaben erlaubt. Diese Art von Verfahren eignet sich für eine erste Vorauswahl, wenn z. B. unter den Assessees große Intelligenzunterschiede zu erwarten sind.

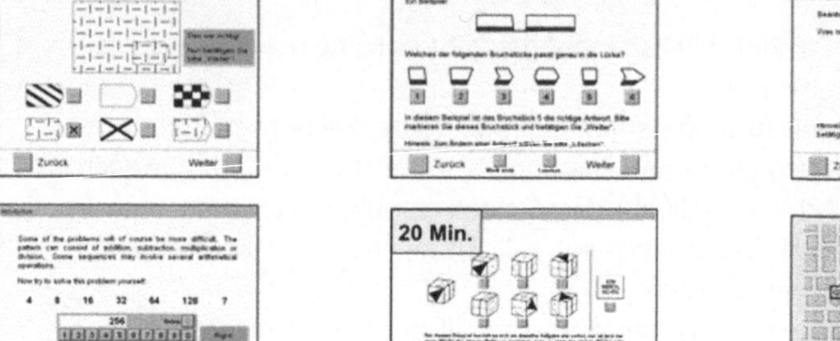

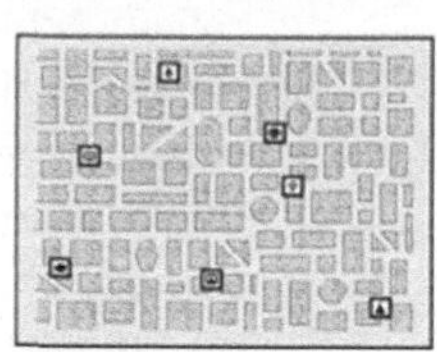

Abb. 3.2 Beispiele von Leistungstests. (© Wiener Testsystem, Schuhfried GmbH)

Leistungstests messen in der Regel die Konzentrations- und Leistungsfähigkeit. Die Aufgaben ähneln den Aufgaben aus Intelligenztests, decken allerdings andere Bereiche des Denkvermögens ab, z. B. mathematische Fähigkeiten, das Konzentrationsvermögen, die Aufmerksamkeit usw. (Abb. 3.2).

▶ **Tipps**

- Dies gilt für alle Elemente in Assessments, insbesondere jedoch für Leistungstests: Absolvieren Sie ein Assessment möglichst in ausgeruhtem Zustand, da die Konzentrationsfähigkeit dann besser ist und das Durchhaltevermögen höher, was sich gerade bei Leistungstests bemerkbar macht.
- Die meisten Menschen sind nicht in allen Bereichen der Intelligenz gleich gut. Lassen Sie sich deshalb nicht entmutigen, wenn Ihnen das Lösen der Aufgaben nicht überall gleich gut gelingt und versuchen Sie dennoch, in allen Bereichen Ihr Bestes zu geben.
- Bei den Intelligenz- und Leistungstests gibt es nur richtige oder falsche Antworten.
- Die Zeit wird bei den Tests so knapp bemessen, dass es unmöglich ist, alle Aufgaben zu lösen.
- Arbeiten Sie konzentriert weiter, auch wenn Sie einzelne Aufgaben nicht lösen können.
- Verharren Sie nicht bei einer Aufgabe, wenn sich diese für Sie als zu schwierig erweist oder Sie eine Denkblockade haben.

- Lassen Sie Aufgaben aus, die zu viel Zeit beanspruchen oder die Sie nicht verstehen. Falls am Ende noch Zeit bleibt, können Sie sich dann diesen Aufgaben zuwenden.

Was beobachtet und beurteilt wird:

- Die Fähigkeit, klar und strukturiert zu denken und komplexen Sachverhalten und Dingen Sinn zu verleihen (deduktive Fähigkeiten),
- die Fähigkeit Informationen zu speichern und zu reproduzieren,
- je nachdem auch spezifische Fähigkeiten wie Konzentrationsfähigkeit, räumliches Vorstellungsvermögen etc.

Auf was achte ich nach dem Assessment? 4

Am Ende des Assessment-Tages ist für die Assessees der Einsatz beendet. Die AssessorInnen werten in den folgenden Tagen die Ergebnisse des Assessments aus und schreiben in der Regel einen Bericht. Dieser enthält Einschätzungen und Beurteilungen zur Übereinstimmung des Kompetenzprofils der Assessees mit dem Anforderungsprofil der angestrebten Funktion. Die AssessorInnen geben eine Eignungsempfehlung ab und machen Vorschläge bezüglich allfälliger Entwicklungsoptionen. Auch besteht die Möglichkeit, als Assessee – egal wie das Ergebnis ausfällt – ein Feedbackgespräch mit dem oder der AssessorIn zu führen.

► **Tipps**

- Ob das Assessment am Ende zu Ihren Gunsten ausfällt oder nicht: Es ist allemal eine Chance, Feedback zu bekommen und sich weiterzuentwickeln.
- Nehmen Sie deshalb die Möglichkeit wahr und nutzen Sie das Feedbackgespräch zum Assessment – auch weil das zeigt, dass Sie daran interessiert sind, sich mit sich selbst kritisch auseinanderzusetzen.
- Und falls sich eine Veränderung ergeben sollte (z. B. dass ein anderer Kandidat abspringt und Sie wider Erwarten nachrutschen), haben Sie ihre Ernsthaftigkeit gezeigt und Ihr Interesse bis ans Ende aufrechterhalten, was sich in einer solchen Situation ausbezahlen kann.

© Springer Fachmedien Wiesbaden 2015
M. Vogt, *Assessments meistern,* essentials, DOI 10.1007/978-3-658-09563-5_4

Schluss

Es würde mich sehr freuen, wenn Sie in diesem Büchlein hoffentlich wertvolle und hilfreiche Tipps und Anregungen gefunden haben, die Sie dabei unterstützen, ein anstehendes Assessment erfolgreich zu bewältigen! Ich wünsche Ihnen für Ihre berufliche Zukunft alles Gute und viel Erfolg!

© Springer Fachmedien Wiesbaden 2015
M. Vogt, *Assessments meistern,* essentials, DOI 10.1007/978-3-658-09563-5

Was Sie aus diesem Essential mitnehmen können

- Dieses Buch vermittelt Ihnen auf einfache und verständliche Weise und in einer kompakten Form, wie Sie sich auf ein Assessment vorbereiten können.
- Es geht über die üblichen Beschreibungen zu gängigen Testverfahren hinaus und vermittelt konkrete und praktische Tipps, wie Sie ein Assessment erfolgreich meistern!

© Springer Fachmedien Wiesbaden 2015

M. Vogt, *Assessments meistern,* essentials, DOI 10.1007/978-3-658-09563-5

Weiterführende Literatur

Eck CD, Jöri H, Vogt M (2010) Assessment-center. Springer, Heidelberg
Hesse J, Schrader HC (2013) Testtraining 2000 plus. Strak, Freising
Kleinmann M (2013) Assessment-center. Göttingen, Hogrefe
Schuler H (2002) Das Einstellungsinterview. Göttingen, Hogrefe

© Springer Fachmedien Wiesbaden 2015
M. Vogt, *Assessments meistern*, essentials, DOI 10.1007/978-3-658-09563-5